Labios de piedra
Lips of Stone

Xánath Caraza

Translated by Sandra Kingery
Design & editing by Gabriel H. Sanchez

The Raving Press
Mission, Texas
2021

ISBN: 978-0-9989965-8-5

All rights reserved.
For inquiries or permissions go to:
theravingpress.com

Labios de piedra / Lips of Stone

© Xánath Caraza, 2021
© De los textos en inglés, Sandra Kingery, 2021
© Foto de la portada, Xánath Caraza

Para Rafaela quien recorrió este sendero de palabras conmigo

For Rafaela, who traversed this path of words with me

Índice / Contents

Prólogo por Alain Lawo-Sukam 8
Foreword by Alain Lawo-Sukam 11

De piedra y viento 15
Of Wind and Stone 16
Labios de piedra 17
Lips of Stone 18
Olmecas 19
Olmecs 20
Mujeres olmecas 21
Olmec Women 22
Pueblo de agua 23
People of Water 24
Camino sagrado 25
Sacred Path 26
El rey 27
The King 28
Mujer colossal 29
Colossal Woman 31
El viejo Guerrero 33
The Old Warrior 34
Mirada de águila 35
Gaze of the Eagle 36
Roca ígnea 37
Igneous Rock 38
Eterna sonrisa 39
Eternal Smile 40
Piedra verde 41
Green Stone 42
Bajorrelieve de Xoc 43
Bas-Relief of Xoc 44
Primer deslumbramiento 45
Bedazzling Discovery 46
Manos de piedra 47

Hands of Stone 48
Ciudad olmeca 49
Olmec City 50
Mosaico de jadeíta 51
Mosaic of Jadeite 52
Pirámide olmeca 53
Olmec Pyramid 54
Lágrimas de jaguar 55
Jaguar Tears 56
Tu mirada enmarcada en jade 57
Your Gaze Framed in Jade 58
Sangre verde 59
Green Blood 60
Nada queda 61
Nothing Remains 62
Basalto olmeca 63
Olmec Basalt 64
Bebida ritual 65
Ritual Drink 66
Luminosa protección 67
Luminous Protection 68
Vaso olmeca 69
Olmec Glass 70
Flor de izote 71
Izote Flower 72
Maíz verde 73
Green Maize 74
Viento nocturno 75
Nocturnal Wind 76
El crepúsculo sangrante 77
Bloody Twilight 78
Siseo 79
Hissing 80
Siembra la tierra 81
Sow the Earth 82
Se vuelve humo 83

It Turns to Smoke 84
Danza con el viento 85
It Dances with the Wind 86
Hongos sagrados 87
Sacred Mushrooms 88
Brasas en el cielo 89
Embers in the Sky 90
Jade 91
Jade 92
Jerarcas guerreros 93
Warrior Chiefs 94
Ofreces el pecho al cielo 95
You Offer Your Chest to the Sky 96
Arroyo 97
Arroyo 98
Se llena de luz 99
They Are Filled with Light 100
Fuego en los hogares 101
Fire in the Hearths 102
Pitaya 103
Dragon Fruit 104
Paraíso de agua 105
Paradise of Water 106
Dejó de llover 107
It Stopped Raining 108
Plumas de quetzal 109
Quetzal Feathers 110
En los poros de la tierra 111
In the Pores of the Earth 112
Lleva un dolor agudo en los hombros 113
It Suffers a Sharp Pain in the Shoulders 114
Noche caracol 115
Spiraling Night 116
Que anhela 117
It Yearns 118
Culebra 119

Serpent 120
Con el aire de la noche 121
With the Air of the Night 122
Libélula 123
Dragonflies 124
Oníricos diseños 125
Oneiric Designs 126
En la soledad de la selva 127
In the Solitude of the Jungle 128
Voluntad 129
Volition 131
Sangre de lagarto y pez 133
Blood of Lizard and Fish 134
Escamas de luna 135
Lunar Scales 136
Murciélago 137
Bat 138
Luz carmesí 139
Crimson Light 140
Serpientes de agua 141
Serpents of Water 143
Despertar 145
Awakening 147

Aknowledgements 149
Author's bio 150 - 151

Susurros de la inagotable fuente ancestral.

Leer los versos de *Labios de Piedra* es un ejercicio mental en los senderos de los orígenes para (re)descubrir el elixir de las identidades mexicanas. La obra da forma al *ethos* cultural olmeca desde el amparo del lenguaje vivo, variado y *etnicizado,* lo que la convierte en una "literatura de la identificación" como lo denomina René Depestre. Esta obra constituye un desafío sobre la propia lengua, sobre el medio fundamental a través del cual la poeta percibe y construye su mundo. Las interferencias lingüísticas (en este caso el uso del inglés) no es solamente el fruto de la transterritorialidad escritural ni un mero juego lingüístico de traducción, sino que permite una transmisión de conocimientos, de herencia cultural y comunicación efectiva entre los pueblos. La traducción de *Labios de piedra* al inglés es de Sandra Kingery. En este contexto plurilingüístico y de múltiple perspectiva, el libro nos obliga como diría Borges, a ver los hilos que muchas veces permanecen invisibles, pero que sin embargo, pueden guiar, o entorpecer nuestro camino. Xánath Caraza crea un espacio que posibilita la indagación que inquiere sin concesión, y eso con unas palabras despojadas por la orfebrería de la vate. El estilo es humilde aunque natural y detallista en cuanto a su minuciosidad descriptiva. Los poemas se edifican sobre imágenes sonoras que conforman un universo que vibra en movimiento rítmico. Los simbolismos sonoros son puertas que llevan la voz lírica a ubicarse en el espacio y el tiempo de los héroes que dejaron con sus obras una mancha indeleble en la historia olmeca y de la humanidad en general.

Labios de Piedra produce un encantamiento cuya tela tejida en pequeños bloques uno tras uno edifica una torre de pensamientos, recuerdos e imágenes. El lector está a punto de escuchar una voz que habla por muchas otras voces. La identidad individual y colectiva en ocasiones tiende a fundirse. El "yo" lírico trasmuta en un grupo orgánico. La poeta presenta un "yo" en fusión con un "yo" colectivo, plural, que se interna en el pasado y el presente. En última instancia la poeta se convierte en la voz de los antepasados. A este respeto la poeta filosofa y recupera la voz ancestral como lo hizo ya en su poemario bilingüe *Balamkú* (2019) en cuanto a la tradición maya. Como una cirujana, Xánath Caraza lleva los guantes de la memoria para diseccionar la historia y remontar al pasado ancestral olvidado, ignorado, silenciado o distorsionado en el imaginario colectivo. Devela la axiología de un pueblo comunitario rico que valora los rituales y espiritualismo, la relación interpersonal y de interdependencia entre la naturaleza y el humano. El pueblo originario vive al ritmo de la fauna y la flora que determinan su destino y la alegría de sus descendientes como lo poetiza la voz lírica en el poema: "Aprendí a ser feliz/ en la soledad de la selva./ Lo había olvidado./" ("En la soledad de la selva"). El aspecto cosmológico de la tradición ancestral se refleja en la interconectividad entre el humano y el universo. Que sea lógica o ilógica la percepción de los fenómenos, los seres humanos y animales viven en un universo fundamentalmente comunal. Es también un universo en que los dioses se humanizan y hombres y sobre todo los animales se divinizan en un culto idolátrico. El jaguar, la serpiente, el cocodrilo y el quetzal por ejemplo no son solamente animales sino divinidades. En el universo olmeca el humano es una entidad material y espiritual. Esta ontología se arraiga en la concepción de la naturaleza de la realidad y ser como espíritu y energía. Esta energía se materializa por ejemplo en las esculturas y cabezas colosales 1, 3, 4, 5, 8 y 9 que ilustra con maestría la poeta en sus versos. La capacidad de plasmar la naturaleza del conocimiento de los olmecas cuyos significados se trasmite por medio del imaginario simbólico como los gestos, las palabras, el ritmo, el baile, y los objetos, permite al lector penetrar un tanto en la epistemología de dicho pueblo.

La memoria permite a la autora reapropiarse de la historia personal y colectiva con el fin de reconciliarse con la cultura ancestral. Esta forma de afirmación de la cultural nacional en el pasado no es fortuita ya que es responsable de un importante cambio al nivel del equilibrio psicoafectivo del nativo (1963: 210) como nota el teórico Frantz Fanon. La memoria le permite a Xánath Caraza reconstruir y dar coherencia a una la historia interrumpida, alterada o en el proceso de ser olvidada. La escritora invita al lector a adentrarse en este laberinto del mundo olmeca, dejarse llevar por la música de sus versos, descubrir todo de nuevo y mirar más allá de la palabra.

Alain Lawo-Sukam Ph.D.
Associate Professor of Hispanic and Africana studies
Department of Hispanic Studies
Africana Studies program
Texas A&M University

Murmurs from the Inexhaustible Ancestral Source.

Reading the verses of *Lips of Stone* is a mental exercise along the paths of the origins to (re)discover the elixir of Mexican identities. The text gives shape to the Olmec cultural *ethos* from within the shelter of a language that is living, varied and *ethnicized,* which allows it to become a literature "of identity," as René Depestre calls it. This work constitutes a challenge to the language itself, to the fundamental medium through which the poet perceives and constructs her world. Linguistic interference (in this case, the use of English) is not only the fruit of scriptural trans-territoriality nor a simple linguistic game of translation, but allows a transmission of knowledge, of cultural heritage and effective communication between peoples. The English translation of *Lips of Stone* is by Sandra Kingery. In this multilinguistic and multi-perspectived context, the book forces us, as Borges would say, to see the threads that often remain invisible but that can nevertheless guide us or impede our progress. Xánath Caraza creates a space that allows the enquiry that questions without concessions, doing so with words rendered bare by the bard's dexterity. The style is humble but natural and detailed in its descriptive thoroughness. The poems are constructed upon sound images that shape a universe that vibrates with rhythmic movement. The resounding symbolisms are doors that lead the lyric voice to find itself in the space and time of the heroes who, with their works, left an indelible mark on Olmec history and on humanity in general.

Lips of Stone produces an enchantment whose cloth woven out of one small segment after another builds a tower of thoughts, memories and images. The reader is about to hear a voice that speaks for many other voices. Individual and collective identities sometimes tend to merge. The poetic "I" mutates into an organic group. The poet presents an "I" that fuses with a collective and plural "I" that penetrates past and present. Ultimately, the poet becomes the voice of the ancestors. In this respect, the poet philosophizes and recuperates the ancestral voice as she did previously with the Mayan tradition in *Balamkú* (2019), her bilingual poetry collection. Like a surgeon, Xánath Caraza wears the gloves of memory to dissect history and return to the ancestral past that has been forgotten, ignored, silenced or distorted in the collective imaginary. It reveals the axiology of a rich communitarian people who value rituals and spiritualism, interpersonal relationships and interdependence between nature and human beings. As the lyrical voice expresses in this poem, native peoples live to the rhythm of the flora and fauna that determine their destiny and the joy of their descendants: "I learned to be happy/ in the solitude of the jungle./ I had forgotten how./" ("In the Solitude of the Jungle"). The cosmological aspect of the ancestral tradition is reflected in the interconnectivity between that which is human and the universe. Whether the perception of phenomena is logical or illogical, human beings and animals live in a fundamentally communal universe. It is also a universe in which the Gods are humanized and people and especially animals are deified in idolatrous veneration. The jaguar, the serpent, the crocodile, and the quetzal, for example, are not only animals but deities. In the Olmec universe, human beings are material and spiritual entities. This ontology is rooted in the conception of the nature of reality and being as spirit and energy. This energy is materialized, for example, in the sculptures and colossal heads 1, 3, 4, 5, 8, and 9 that the poet illustrates masterfully in her verses. The ability to express the nature of the knowledge of the Olmecs whose meanings are transmitted through the symbolic imaginary such as gestures, words, rhythm, dance, and objects, allows the reader to begin to penetrate the epistemology of the Olmec people.

Memory allows the author to re-appropriate personal and collective history in order to reconcile with the ancestral culture. This way of affirming the national culture of the past is not mere chance since it is responsible, as the theorist Frantz Fanon notes (1963: 210), for an important change at the level of the psycho-affective equilibrium of that which is native. Memory allows Xánath Caraza to reconstruct and provide coherence to the history that has been interrupted, altered or is in the process of being forgotten. The writer invites the reader to delve into this labyrinth of the Olmec world, be carried away by the music of her verses, discovering everything anew and looking beyond the words.

Alain Lawo-Sukam Ph.D.
Associate Professor of Hispanic and Africana Studies
Department of Hispanic Studies
Africana Studies program
Texas A&M University

Photo by Xánath Caraza

De piedra y viento

Olmecas: guerreros del sur
de piedra y viento.

Llevan nuestro origen
en las venas de la tormenta.

Cultura madre, los siglos
no te han borrado.

Las semillas vibran
con el pasar de los años.

Nos cobijan los recuerdos ancestrales,
el arte olmeca en la piel.

Los símbolos de generaciones
anteriores en la frente.

La vida late en el pecho.
Sangre de piedra y viento.

Of Wind and Stone

Olmecs: warriors of the south
of wind and stone.

You convey our origin
in the veins of the storm.

Mother Culture, the centuries
have not erased you.

The seeds vibrate
with the passing of the years.

Ancestral memories shelter us,
Olmec art on the skin.

Symbols of bygone generations
on foreheads.

Life pulsates in chests.
Blood of wind and stone.

Labios de piedra

Susurros de cálida selva
escondidos en labios
de milenaria piedra.

Entre árboles putrefactos
se esconden los dioses jaguares.

Cabezas olmecas,
colosos de cultura madre.

No hay pantanos que engullan
la historia grabada en basalto.

De los manantiales secos,
emergen las voces olmecas.

Labios de selva negra
clausurados con inmortalidad.

Ojos sagrados desean
las constelaciones de antaño.

Guerreros del pasado
esculpidos para la eternidad.

Figuras en roca volcánica
ocupan sueños ambarinos del jaguar.

Lips of Stone

Murmurs of steamy jungle
concealed on lips
of millennial stone.

Jaguar gods conceal themselves
among the decaying of the trees.

Olmec heads,
colossuses of Mother Culture.

No swamps can gobble
the history engraved in basalt.

Olmec voices emerge
from dry springs.

Lips of black jungle
sealed with immortality.

Sacred eyes desire
the constellations of yesteryear.

Warriors of the past
sculpted for eternity.

Figures in volcanic rock
occupy the jaguar's amber dreams.

Olmecas

Tierra de colosales ancestros,
de manantiales de sabiduría,
a tu encuentro he llegado
para recuperar los rastros
escondidos en el tiempo.

En los detritus convertidos
en historia donde los ríos
fluyen con pétreos caudales,
se abren las fauces del jaguar.

Brotan los guerreros olmecas,
uno a uno con silenciosa sagacidad,
rostros ancestrales y profundas voces
hacen palpitar la memoria de la selva.

Las canoras aves me reciben
en esta jungla de palabras,
hacen temblar las frondas
de las sagradas ceibas.

Las aves vuelan sobre
las copas de los árboles de jade,
enloquecido trinar de tinta
y papel, de luz y sombra.

Olmecas, ancestros de mi sangre,
del jaguar, del cocodrilo macho,
y la serpiente hembra.

Olmecs

Land of colossal ancestors,
of springs of wisdom,
I have come to meet you
to recover the traces
concealed in time.

In debris turned
history where rivers
flow with rocky current,
jaguar jaws stretch wide.

Olmec warriors emerge
one by one with silent sagacity,
ancestral countenances and profound voices
make the memory of the jungle alive.

Songbirds receive me
in this jungle of words,
they make the canopies
of the sacred ceiba trees tremble.

Birds soar over
jade treetops,
frenzied chirping of ink
and paper, of light and shadow.

Olmecs, ancestors of my blood,
of the jaguar, of the male crocodile,
and the female serpent.

Mujeres olmecas

Con el pecho descubierto
recorren la orilla del mar:
pasos efímeros en la arena.

En fuertes canoas
recorren la casa del
cocodrilo, el manglar.

Los ríos, venas de la
tierra olmeca, navegan
con conocimiento ancestral.

Jugadoras celestes:
el juego de pelota
han experimentado.

Cazadoras y guerreras,
madres y abuelas,
heredan el conocimiento.

Los secretos de la luna
fluyen en la opalescente
leche materna.

Guardianas de la estirpe
del agua, del jaguar y
la serpiente emplumada.

Olmec Women

With breasts uncovered
they travel the seashore:
ephemeral steps on sand.

In strong canoes
they travel the home of the
crocodile, the mangrove swamp.

With ancestral knowledge
they navigate rivers,
the veins of Olmec soil.

Celestial players:
the pelota ballgame
holds no surprises.

Hunters and warriors,
mothers and grandmothers,
these women inherit knowledge.

The secrets of the moon
flow in opalescent
maternal milk.

Guardians of the lineage
of water, of the jaguar and
the feathered serpent.

Pueblo de agua

Pueblo de agua: de ríos,
de manglares y mar.

Olmecas de arte,
caracolas, piedra
y cabezas colosales.

Los pantanos guardan
las vasijas y el jade.

El agua avanza,
nutre y destruye
con su caudal.

People of Water

People of water: of rivers,
mangrove swamps and sea.

Olmecs of art,
conches, stone
and colossal heads.

The swamps shelter
urns and jade.

The water advances,
it nourishes and destroys
with its current.

Camino sagrado

Cocodrilo, sostienes el mundo,
hermano del jaguar,
en la cosmovisión olmeca.

Tus escamas vibran al
sentir cerca las hembras,
sacudes el agua.

Acompañas desde los Tuxtlas
la piedra que cobrará vida.
El agua es el camino sagrado.

Guardián de los colosos
en ruta antes de nacer.
El jaguar da la bienvenida

Sacred Path

Crocodile, you hold up the world,
brother of the jaguar,
in the worldview of the Olmecs.

Your scales vibrate as you
sense females close by,
you strike the water.

You accompany from Los Tuxtlas
the rock that will come to life.
Water is the sacred path.

Guardian of the colossuses
on the move before birth.
The jaguar gives welcome

El rey

Para la cabeza colosal número 1 de San Lorenzo, Veracruz, México

La nobleza se detecta en tus ojos.

La mano invertida del jaguar
protege tu sabiduría.

El agua de la jungla,
fuerza vital
en tu sangre.

El jade en tus venas
lleva lo sacro,
monarca ancestral.

El ceño fruncido y
los labios carnosos son
mi herencia olmeca.

The King

For Colossal Head Number 1 from San Lorenzo, Veracruz, Mexico

Nobility can be seen in your eyes.

The inverted jaguar paw
protects your wisdom.

The water of the jungle,
vital force
in your blood.

The jade in your veins
carries that which is sacred,
ancestral monarch.

The furrowed brow and
fleshy lips are
my Olmec legacy.

Mujer colosal

Para la cabeza colosal número 3 de San Lorenzo, Veracruz, México

Mujer colosal, tu piel de oscura
piedra para la eternidad.

El ceño aguerrido, fruncido,
muestra tu fiereza.

Tus pómulos delatan feminidad.
Sensuales labios negros sellados
con pétrea carne sin estrellas.

Mujer guerrera, rompes la tradición.

Jerarca jaguar, llevas la fuerza
del huracán en el mentón.

Tu ancha nariz absorbe el copal
blanco que guía al inframundo,
a la cueva del cocodrilo donde
corre la sagrada agua olmeca.

Tus ojos profundos se encadenan
con los míos, frente a ti estoy.

Te reconozco, espejo ancestral.

Oscuridad volcánica, naces
del vientre de la tierra.

Mujer colosal, femenina
cabeza olmeca, hembra jaguar.

El cráneo cubierto con distintiva
protección, tu lugar has ganado
con valor, con sensualidad.

Las ciénagas olmecas florean para
dejarte ver el mundo una vez más.

Colossal Woman

For Colossal Head Number 3 from San Lorenzo, Veracruz, Mexico

Colossal woman, your skin of dark
stone for all eternity.

Your battle-hardened brow, furrowed,
uncovers your ferocity.

Your cheekbones reveal femininity.
Sensual black lips sealed
with stony flesh without stars.

Warrior woman, you break tradition.

Jaguar chief, you carry the strength
of the hurricane in your chin.

Your broad nose absorbs the white copal
that leads the way to the underworld,
to the crocodile cave where
sacred Olmec water runs.

Your deep eyes shackle themselves
to mine, I am before you.

I recognize you, ancestral mirror.

Volcanic darkness, you are born
from the bowels of the earth.

Colossal woman, feminine
Olmec head, female jaguar.

Your skull covered with distinctive
protection, you have earned your place
with valor, with sensuality.

Olmec marshes blossom so
you can see the world once again.

El viejo guerrero

Para la cabeza colosal número 4 de La Venta, Tabasco, México

Leo poesía junto a ti.

Para ti es esta voz.

Líquido encuentro a través del tiempo.

Viejo guerrero, escucha mi ofrenda.

La jungla nos rodea y las aves
anuncian mi lectura.

Tu casco grabado con el águila.
La que ve todo en la jungla
olmeca.

Alma de piedra.
Jade por corazón.

Tus labios entreabiertos
dejan ir la divinidad.

Tu mirada: nobleza olmeca,
posa los ojos en mis letras.

Leo para ti, en este ambiente
húmedo, sin interrupción.

The Old Warrior

For Colossal Head Number 4 from la Venta, Tabasco, Mexico

I read poetry beside you.

This voice, it is for you.

Liquid encounter through time.

Old Warrior, hear my offering.

The jungle surrounds us and the birds
announce my reading.

Your helmet engraved with the eagle
which sees it all
in the Olmec jungle.

Soul of stone.
Heart of jade.

Your half-open lips
let divinity depart.

Your gaze: Olmec nobility,
rest your eyes upon my words.

I read for you, in this damp
environment, without interruption.

Mirada de águila

Para la cabeza colosal número 5 de San Lorenzo, Veracruz, México

El águila es tu nahual.

Su mirada tan aguda
como la tuya, jerarca
guerrero.

Olmeca es tu estirpe.
Del mar y del río
tu milenaria fuerza.

Me desplazo a tu alrededor
y tu masculina energía
absorbe mi sangre.

Gaze of the Eagle

For Colossal Head Number 5 from San Lorenzo, Veracruz, Mexico

The eagle is your nahual.

Its gaze as sharp
as yours, warrior
chief.

Olmec is your lineage.
From the sea and from the river
your millennial strength.

I move about you
and your masculine energy
absorbs my blood.

Roca ígnea

Para la cabeza colosal número 8 de San Lorenzo, Veracruz, México

Me recibes con textura
de roca ígnea, gallardo guerrero.

Tus pálidos labios invitan
a conversar sobre tu historia.

La noble mirada refleja experiencia,
a pesar de tu corta edad.

El yelmo lleva el distintivo
del jaguar y lo celeste.

Acepto la invitación:

Recorro tu jardín hundido
donde plácidamente

descansas por un
milenio más.

Igneous Rock

For Colossal Head Number 8 from San Lorenzo, Veracruz, Mexico

You receive me with the feel
of igneous rock, well-proportioned warrior.

Your pale lips invite
conversation about your history.

Your noble gaze reflects experience,
despite your young age.

Your helmet carries the emblem
of the jaguar and the celestial.

I accept your invitation:

I traverse your sunken garden
where you rest

placidly
another millennium.

Eterna sonrisa

Para la cabeza colosal número 9 de San Lorenzo, Veracruz, México

La sonrisa eterna llevas.

Coloso de rostro singular,
tu piel de basalto como
suaves montañas.

Asertivo guerrero con
dignidad has recibido tan
gran distinción:

la inmortalidad.

Noble guerrero de agua,
monarca incansable
que irradia felicidad.

El pueblo te recuerda con
la sonrisa grabada
en el corazón de la jungla olmeca.

Cada amanecer,
las aves se acercan
sin temor para trinar
una despreocupada melodía.

Eternal Smile

For Colossal Head Number 9 from San Lorenzo, Veracruz, Mexico

You wear an eternal smile.

Colossus with a singular face,
your basalt skin like
soft mountains.

Assertive warrior with
dignity you have received this
great distinction:

immortality.

Noble warrior of water,
tireless monarch
who radiates joy.

The people remember you
your smile engraved
on the heart of the Olmec jungle.

Every daybreak,
the birds come close
to chirp without fear
their unconcerned melody.

Piedra verde

Para la escultura: el Señor de las Limas

Sobre el cuerpo de verde jade
llevas diseños.

Misteriosa escritura carmín
recorre la espalda.

En el cráneo la canción
del trueno y jaguar.

Tus felinos rasgos encierran
la cosmogonía olmeca

En tus brazos descansa
el niño jaguar.

Se mece con el viento
como tú con el huracán.

Piedra verde, llevas en el rostro
escarificados milenarios secretos.

Susurros de hierba en el oído.

El origen tatuado
en el cuerpo de jade.

Sagrada escritura en el
lienzo de verde piel.

Green Stone

For the Sculpture: el Señor de las Limas

Upon your body of green jade
you wear designs.

Mysterious carmine writing
covers your back.

On your skull the song
of thunder and the jaguar.

Your feline features enclose
the Olmec cosmogony

In your arms
the jaguar child reposes.

He rocks with the wind
like you with the hurricane.

Green stone, you wear on your face
scarified millennial secrets.

Whispers of grass in your ear.

The origin tattooed
on your body of jade.

Sacred writing on
the canvas of green skin.

Bajorrelieve de Xoc

Para la escultura olmeca, Bajorrelieve de Xoc, de tres mil años, ilegalmente sustraída de México entre 1969 y 1970 y devuelta en 2015

La montaña custodias
con tu enorme turbante.

Llevas la marca olmeca
en la cruz de tus pensamientos
y tus fuertes brazos protegen
el origen del maíz.

Ehécatl-Quetzalcóatl
la creación en tu sangre,
tus colmillos escapan la
placa bucal que contiene
tu furia de aire.

Serpiente emplumada,
jaguar en tu espíritu,
el águila en tus piernas,
el secreto del maíz bajo
tu brazo izquierdo.

Ves más allá del sol
con tus convexas cejas.

Has vuelto a tu circular
casa con la fuerza del viento.

Bas-relief of Xoc

For the three-thousand-year-old Olmec sculpture, Bas-relief of Xoc, illegally removed from Mexico between 1969 and 1970 and returned in 2015

You safeguard the mountain
with your enormous turban.

You carry the Olmec brand
in the cross of your thoughts
and your strong arms protect
the origin of the maize.

Ehecatl-Quetzalcoatl:
creation in your blood,
your fangs escape the
buccal plate that contains
your fury of air.

Feathered serpent,
jaguar in your spirit,
the eagle on your legs,
the secret of the maize beneath
your left arm.

You see beyond the sun
with your convex brows.

You've returned to your circular
house with the strength of the wind.

Primer deslumbramiento

Un mundo femenino prehispánico
se abre ante mí con tan solo
mirarte, figurilla olmeca.

La posibilidad de identificarme
contigo como mujer,
nace hoy.

Un haz luminoso que
transgrede la eternidad
entra en mi mente,
leo tus pensamientos.

No hay tiempo que nos
separe, soy el reflejo
de tu imagen.

Abres mi visión del mundo,
figurilla femenina olmeca.

Primer deslumbramiento.

Bedazzling Discovery

A pre-Hispanic feminine world
opens before me simply upon
observing you, Olmec figurine.

The possibility of identifying
with you as a woman
is born within me today.

A luminous beam of light that
transgresses eternity
enters my mind,
I read your thoughts.

There is no time that
separates us, I am the reflection
of your image.

You open my vision of the world,
feminine Olmec figurine.

Bedazzling discovery.

Manos de piedra

Para el Trono de los chaneques de Potrero Nuevo, Veracruz, México

Los guardianes,
pequeños seres mágicos,
se desplazan en el tiempo.

Se deslizan entre las aguas.
Una vez en los ríos, otras
en la boca del mar.

Ayudantes de la divinidad
lacustre: cargan las
agitadas corrientes.

Sus manos de piedra
aguantan la acuática
fuerza, sostienen
un mundo ancestral.

Hands of Stone

For the Throne of the Chaneques from Potrero Nuevo, Veracruz, Mexico

Guardians,
small magical beings,
they travel through time.

They steal through water.
At times in rivers, others
at the entrance to the sea.

Assistants to lacustrine
divinity: they carry
turbulent currents.

Their hands of stone
withstand aquatic
force, sustain
an ancestral world.

Ciudad olmeca

Sobrevivientes imágenes de jade,
la piedra volcánica acompaña
los siglos de silencio y pantano.

Los pisos geométricos resaltan
tu belleza, ciudad olmeca,
cultura madre de Mesoamérica.

Armonía en los caminos viejos:
los dioses jaguares entonan
rugidos sagrados con cada paso.

La música llena los nichos,
para los habitantes de piedra,
con dulces tonos de la selva.

Las flores rojas denudan los
frágiles pétalos, nutren los trazos
esmeralda con cada gota.

Olmec City

Surviving images of jade,
volcanic stone accompanies
the centuries of silence and swamp.

Geometric floors highlight
your beauty, Olmec city,
Mother Culture of Mesoamerica.

Harmony on the old paths:
jaguar gods intone
sacred howls with every step.

Music fills the niches,
for the inhabitants of stone,
with sweet notes of the jungle.

The red flowers drop their
fragile petals, they nourish the lines
emerald with every drop.

Mosaico de jadeíta

Huella verde: sobreviviente olmeca.
Enterrada en el subsuelo,
la historia del pueblo de agua.

Los manglares no han tocado
tus venas, mosaico de jadeíta,
representante del jaguar.

Tu diseño guarda la sabiduría
del pueblo, nuestra sangre
verde en la selva.

Piso sagrado, donde los rituales
se llevaron a cabo y las arenas
profundas te resguardaron.

El sol refleja su fuerza en
tus ojos, jaguar de jadeíta,
diseño geométrico olmeca.

Mosaic of Jadeite

Green footprint: Olmec survivor.
Buried in the subsoil,
the history of the people of water.

The mangroves have not touched
your veins, mosaic of jadeite,
representative of the jaguar.

Your design preserves the wisdom
of the people, our green blood
in the jungle.

Sacred ground, where rituals
were carried out and the profound
sands shielded you.

The sun reflects its strength in
your eyes, jaguar of jadeite,
Olmec geometric design.

Pirámide olmeca

Pirámide de barro:
la más antigua de Mesoamérica,
hoy recubierta de verde hierba.

Se abre ante ti el espíritu de
la guacamaya, plumaje
de espuma y trueno.

El alma felina se percibe
en la sofocante atmósfera:
la hojarasca tiembla.

Pirámide olmeca, corazón
de barro, el ocre enterrado
en las garras del jaguar.

Primera casa: alcanzar el sol
es tu misterioso destino con
el trueno y el rayo.

Olmec Pyramid

Pyramid of mud:
the most ancient of Mesoamerica,
today covered in green grass.

Before you, the spirit of
the guacamaya opens, feathers
of seafoam and thunder.

The feline soul is perceived
in the suffocating atmosphere:
leaf piles tremble.

Olmec pyramid, heart
of mud, ochre buried
in the claws of the jaguar.

First home: reaching the sun
is your mysterious destiny with
thunder and lightning.

Lágrimas de jaguar

De la negra roca
borbotones de agua,
manantiales de vida.

Acuáticos diseños
recorren los colmillos
de la tierra, insertados
en los oscuros labios.

Líquido divino, marcas
el tiempo en la piedra,
atraes los sedientos jaguares.

Abren sus fauces en la jungla,
escapan suspiros de niebla,
beben hilos de gélida sangre.

Lágrimas de jaguar se derraman
en el cíclico tiempo.

Jaguar Tears

From the black rock,
water gushing,
natural springs of life.

Aquatic designs
traverse the fangs
of the earth, inserted
in dark lips.

Divine liquid, you mark
time on the stone,
you attract thirsty jaguars.

They open their jaws in the jungle,
releasing sighs of fog,
they drink threads of icy blood.

Jaguar tears spill
in cyclical time.

Tu mirada enmarcada en jade

Cabriolas en el aire, jaguar.
Tu mirada enmarcada en jade,
tu ágil cuerpo en la selva.

La ceiba se arrulla a mi paso,
las piedras viejas tiemblan
con el sol en los ojos.

Selva olmeca, humedeces
los pensamientos, el cuerpo
vibra con tan solo invocarte.

Áureo jaguar, te deslizas
entre secretos, misterioso
felino, abres las fauces.

Tragas la noche,
el miedo a la oscuridad
y el canto de la niebla.

Your Gaze Framed in Jade

Prancing in the air, jaguar.
Your gaze framed in jade,
your agile body in the jungle.

The ceiba croons lullabies as I pass,
ancient stones tremble
with the sun in their eyes.

Olmec jungle, you saturate
thoughts, my body
vibrates from simply invoking you.

Golden jaguar, you slip
between secrets, mysterious
feline, you open your jaw.

You swallow the night,
the fear of darkness
and the song of the fog.

Sangre verde

Pilares de basalto de infinito tamaño,
hijos pétreos de la naturaleza,
delimitan los espacios sagrados olmecas.

Su celestial destino: proteger nuestros muertos,
cabezas colosales, espejos de obsidiana,
dientes de tiburón y corazones de jadeíta.

En la roca: el iridiscente colibrí
trae vida y aliento de oro.

Las columnas de basalto se agitan,
emiten ronco canto desde la garganta de la tierra.

Muestran la sangre verde que
corre entre los árboles de la selva.

La tormenta llega y nutre todo lo que toca.

Green Blood

Basalt pillars of infinite extension,
rocky sons of nature,
they delineate sacred Olmec spaces.

Their celestial destiny: protecting our dead,
shark teeth and jadeite hearts,
colossal heads, obsidian mirrors.

On the rock: the iridescent hummingbird
brings life and golden breath.

Basalt columns shake,
they emit husky song from the throat of the earth.

They reveal the green blood that
runs between the trees of the jungle.

The storm arrives and nourishes everything it touches.

Nada queda

En el camino olmeca
las ceibas y el agua
hacen que la memoria
se pierda en la bruma.

Nada queda del silencio.

Es el eco ancestral
el que renace con
la fuerza del color verde.

Como libro abierto
la herencia olmeca
brota en cada página
de este selvático andar.

Estos pasos retoman
los tropicales pétalos
que hoy han muerto.

Sonidos olmecas.

Nada queda del silencio.

Nada queda de la bruma.

Es el eco ancestral.

Nothing Remains

On the Olmec path
the ceibas and water
make memory
get lost in the haze.

Nothing remains of the silence.

It is the ancestral echo
that is reborn with
the force of the color green.

Like an open book
Olmec legacy
sprouts upon every page
of this jungle exploration.

These steps take up
the tropical petals
that have died today.

Olmec sounds.

Nothing remains of the silence.

Nothing remains of the haze.

It is the ancestral echo.

Basalto olmeca

Tumbas de basalto,
sagrados ancestros.

Los recuerdos y
los silenciosos huesos
cubiertos de jade.

Fría máscara sobre
el rostro del tiempo.

Las columnas de basalto
hacen música con
el susurro del aire.

Traen del más allá
un rayo de sangre.

Olmec Basalt

Basalt tombs,
sacred ancestors.

The memories and
silent bones
covered with jade.

Cold mask over
the face of time.

Basalt columns
make music with
the murmur of the air.

They bring from the beyond
a sunbeam of blood.

Bebida ritual

La humedad de los pantanos
inunda la selva,
el cuerpo de jade
se impregna
de felino aroma.

La flor de cacao se abre,
los frutos maduran con el
ardiente sol y el agua del río,
la abeja se acerca.

A la tierra olmeca
se ofrece el sagrado elíxir
endulzado con miel.

Lleva el misterio de la selva.

Bebida ritual:
los dioses jaguares
esperan la jícara repleta
de la celestial ofrenda.

Ritual Drink

The humidity of swamps
floods the jungle,
imbuing
the jade body
with feline scent.

The cacao flower opens,
the fruit matures with the
scorching sun and river water,
the bee draws near.

Olmec land
is offered the sacred elixir
sweetened with honey.

It carries the mystery of the jungle.

Ritual drink:
jaguar gods
await the gourd full
of the celestial offering.

Luminosa protección

Las abejas olmecas
proveen de su acaramelado
obsequio ámbar.

Endulzan un instante
la jungla de cacao:
regalo para los dioses.

Dos ofrendas celestiales
para las constelaciones
de antaño que a cambio dan
su luminosa protección.

Luminous Protection

Olmec bees
provide amber
from their caramel-colored bequest.

They sweeten the jungle
with cacao for an instant:
gift for the gods.

Two celestial offerings
for the constellations
of yore that give in exchange
their luminous protection.

Vaso olmeca

Cotidianos pétalos
pintados, sacian la sed
en los vasos olmecas.

Su cilíndrico cuerpo
hecho de barro
para llenarse de
líquida eternidad.

Olmec Glass

Quotidian painted petals
quench thirst
in Olmec glasses.

Their cylindrical body
made of clay
to be filled with
liquid eternity.

Flor de izote

Llena la noche de cocuyos
el aire primaveral.

Las frondas de las ceibas
se mecen con su llegada.

La nacarada flor emerge
de los pantanos.

Su perfume se destila
en la oscuridad esmeralda.

Los troncos gigantes
custodian la nívea flor.

Los cocuyos impregnan
su esencia de jade en el aire

esperan que la ancestral flor
se abra para penetrarla.

El cocodrilo observa desde
los pantanos olmecas.

Vibran sus escamas,
el aire tiembla.

Las chicharras cantan
desde la flor.

Izote Flower

Spring air
fills the night with fireflies.

Ceiba treetops
sway with their arrival.

The pearly flower emerges
from the swamps.

Its perfume distilled
in emerald darkness.

Giant trunks
flank the snowy flower.

Fireflies infuse
the air with their essence of jade

hoping the ancestral flower
will be open for penetration.

The crocodile observes from
Olmec swamps.

Its scales vibrate,
the air trembles.

Cicadas sing
from the flower.

Maíz verde

Jade y maíz, una misma fuerza,
el origen del universo para
los olmecas.

Fuerza creadora: colmillos
de polvo de estrellas.
Tu rugido nace desde
el centro de la tierra.

Áspera piel de la historia,
en el pecho los brazos cruzados:
corazón de jade, palpita.

El maíz emerge de las
míticas profundidades,
primera oscuridad.

Germina de las grietas
de la corteza terrestre:
la madre tierra da a
luz un ciclo más.

Green Maize

Jade and maize, a single force,
the origin of the universe for
the Olmecs.

Creative force: fangs
of stardust.
Your roar is born from
the center of the earth.

Abrasive skin of history,
arms crossed on the chest:
heart of jade, it pulsates.

Maize emerges from the
mythic depths,
first darkness.

It is germinated from cracks
in the earth's crust:
mother earth gives
birth to another cycle.

Viento nocturno

En la sofocante oscuridad
se escucha el movimiento
de las frondas.

De aquí para allá, infiltra
el cálido viento la noche,
se entreteje en cada hoja.

Ráfaga de poder, despierta
a los grillos nocturnos,
memoria de la selva olmeca.

Música de viento: las esculturas
de jade llevan notas musicales
escarificadas en la piel.

La oscuridad olmeca se hace
una con el viento nocturno,
ulula profundas voces.

Nocturnal Wind

In the suffocating darkness
you can hear the movement
of the branches.

From here to there, warm wind
penetrates the night,
intertwining with every leaf.

Gust of power, it awakens
nocturnal crickets,
memory of the Olmec jungle.

Music of wind: jade sculptures
carry musical notes
scarified on the skin.

Olmec darkness becomes
one with the nocturnal wind,
it ululates profound voices.

El crepúsculo sangrante

El crepúsculo contrasta
con la luz esmeralda
de la ciudad olmeca.

Ya las antorchas de chapapote
se han encendido, forman
caminos de fuego.

Los dioses jaguares despiertan
de su sueño, extienden sus garras
hasta alcanzar la luna mamey.

Las aves en su vivaz despedida
colman las ceibas con plumajes
policromáticos e iridiscentes voces.

Ya la luna domina la ciudad de piedra.
Los mosaicos de jadeíta se encienden
con plateada luz.

La voz del jaguar penetra la piel
con su intensa textura de selva.
El copal llena los caminos de lumbre.

Dioses jaguares, despierten, ya es
la hora del crepúsculo sangrante.

Bloody Twilight

Twilight contrasts
with the emerald light
of the Olmec city.

The pitch torches
are now lit, they form
paths of fire.

The jaguar gods awake
from their slumber, they extend their claws
until reaching the mamey moon.

The birds in their lively farewell
shower the ceiba trees with polychromatic
plumage and iridescent voices.

The moon now controls the city of stone.
Jadeite mosaics are lit
with silvery light.

The voice of the jaguar pierces the skin
with its intense jungle feeling.
Copal fills the paths with flame.

Wake, jaguar gods, now is
the time of bloody twilight.

Siseo

De la boca de la serpiente
nace el inframundo olmeca.

La noche, en la cueva, detiene
al cielo que espera la soledad.

Con el iridiscente crepúsculo
llega la muerte lenta.

Filosas escamas recubren
las culebras que flotan
en el río subterráneo.

Los largos cuerpos sostienen
el aliento lacustre olmeca.

Mientras las flores de izote
se vuelven fuego con
el siseo nocturno.

Hissing

From the mouth of the serpent
the Olmec underworld is born.

Night, in the cave, stops
the sky that awaits solitude.

Slow death arrives
alongside iridescent twilight.

Sharp scales encase
the serpents that float
upon the subterranean river.

Their long bodies sustain
lacustrine Olmec breath

as izote flowers
become fire with
nocturnal hissing.

Siembra la tierra

Con conchas en el cabello
emerge de la boca de la tierra
el sacerdote olmeca en luna llena.

Lleva el cuerpo tatuado de ritmos
de venus y agua de las cavernas,
un pectoral de jade brilla.

Su mirada fija en el horizonte.
Una antorcha atrae sus deseos,
es fuego de copal blanco.

La lumbre guía sus viriles pasos
y su rostro se escarifica con
la abrasante llama azul.

Su garganta se abre con
la pulsación de la tierra,
ruge con el viento nocturno.

La voz profunda la siembra,
las ceibas nacen con sus largos
troncos, un fruto de jade brilla.

Sow the Earth

With shells in his hair
the Olmec priest emerges from the mouth
of the earth during the full moon.

His body tattooed with rhythms
goddess and water in the caverns,
a jade pectoral glows.

His gaze fixed on the horizon.
A torch attracts his desires,
it is fire of white copal.

Flame guides his virile steps
and his face is scarified with
the burning blue flame.

His throat is opened with
the pulsation of the earth,
it roars with the nocturnal wind.

His deep voice sows the earth,
the ceibas are born with their long
trunks, a jade fruit glows.

Se vuelve humo

De las sogas rituales
que traspasan la lengua,
el líquido carmín gotea.

Las copaleras recogen la roja
ofrenda que moja al papel amate.

Saturado del líquido divino,
el papel se seca para ser
quemado con copal blanco.

Ofrenda celestial.

Flamígera esencia se ofrece.
El espíritu olmeca se eleva,
los cantos comienzan y
la sangre se vuelve humo.

It Turns to Smoke

From ritual ropes
that pierce the tongue,
the carmine liquid drips.

Copal burn-bowls collect the red
offering that dampens the amate paper.

Saturated by the divine liquid,
the paper is dried to be
burned with white copal.

Celestial offering.

Flaming essence is offered.
The Olmec spirit is elevated,
chants commence and
the blood turns to smoke.

Danza con el viento

Los granos los acompañan
en el camino al silencio,
necesaria ofrenda para
hacer sonar la caracola.

El copal blanco se extiende
por el sendero de niebla
y ciempiés.

Ya el xoloitzcuintle guía
los cansados pasos hasta
cruzar el río olmeca.

El maíz se va sembrando
con las frías sombras.

Los descarnados dejan
huella para renacer
con la luna en primavera.

En los campos renacen
los dulces aromas y
la áurea cabellera del
maíz danza con el viento.

It Dances with the Wind

The grains accompany them
in the path to silence,
necessary offering to
make the conch ring out.

White copal is extended
through the path of fog
and centipedes.

The xoloitzcuintle dog now guides
their tired steps until
crossing the Olmec River.

The maize is being sowed
with cold shadows.

Those who are fleshless leave
their mark to be reborn
with the moon in spring.

Sweet aromas are reborn
in the field and
the golden hair of the
maize dances with the wind.

Hongos sagrados

Para aliviar el alma,
hongos sagrados que
llevan al éxtasis.

Pócimas creadas
con las diestras manos
de las sacerdotisas olmecas.

Una ceremonia integra
el cuerpo a los espacios
sacros, limpia el dolor.

Sacred Mushrooms

To assuage the soul,
sacred mushrooms that
lead to ecstasy.

Potions created
with the skilled hands
of Olmec priestesses.

A ceremony integrates
the body to sacred
spaces, cleanses pain.

Brasas en el cielo

Qué profundo es el vacío
cuando los quetzales
despliegan su vuelo en
la espesura de la selva.

El dios del viento con
su máscara bucal llora.
Las lágrimas escarifican
el pétreo rostro.

Los quetzales siguen al sol
del crepúsculo olmeca,
sus verdes plumajes crean
brasas en el nocturno cielo.

Se hace música de las plumas
de jade con el viento.

Ehécatl se ha quitado la máscara,
el huracán se acerca,
arrastra un furioso mar.

Embers in the Sky

How deep the emptiness
when the quetzals
unfold their flight in
the thickness of the jungle.

The god of wind with
his face mask cries.
Tears scar
his stony face.

Quetzals follow the sun
of Olmec twilight,
their green plumage creates
embers in the nocturnal sky.

The wind makes music
of jade feathers.

Ehecatl has removed his mask,
the hurricane approaches,
it drags a furious sea.

Jade

El jade blanco se abre
para ser escrito.

Opalescente página olmeca
registra al mono aullador y
la hormiga de los pantanos.

Las yemas cargadas de historia
llenan la superficie de jade.

Jade verde, jade blanco,
jade violeta en el rostro
del inframundo.

La mariposa riega
sus escamas con las
de la serpiente hasta
crear los surcos donde
nace el maíz sagrado.

Granos blancos que
traen vida donde ya no hay,
donde el jade es el rostro
de los descarnados.

Inframundo de niebla y oscuridad.

Jade

The white jade is exposed
so it can be written.

Opalescent Olmec page
registers the howler monkey and
the swamp ant.

Buds heavy with history
fill the surface with jade.

Green jade, white jade,
violet jade in the face
of the underworld.

The butterfly scatters
its scales with those
of the serpent until
creating the furrows where
the sacred maize is born.

White grains that
bring life where it is no longer,
where jade is the face
of those who are fleshless.

Underworld of fog and darkness.

Jerarcas guerreros

Guardianes de ceño fruncido
con ojos de eterno basalto
custodian la geométrica ciudad.

El pasado y el futuro
coinciden en las miradas.
El presente lo forja
la serpiente emplumada.

Las alargadas orejas muestran
nobleza, jerarcas guerreros
gobernantes de piedra.

Nos encontramos cuando
el frío cala los huesos y
las pupilas se alargan.

Mis manos sobre el rostro obsidiana.

Recorro los contornos,
las comisuras siento.

Muerdo en un suspiro la inmortalidad.

Sisea la nauyaca en los pantanos,
el jaguar exhala su aliento.

Los viejos jerarcas los petrifican
con su intensa mirada.

En silencio, acaricio
los labios de piedra.

Warrior Chiefs

Guardians of furrowed brows
with eternal basalt eyes
safeguard the geometric city.

Past and future
coincide in their gaze.
The present is forged by
the feathered serpent.

Elongated ears show
nobility, warrior chiefs
rulers of stone.

We find ourselves when
the cold penetrates bones and
pupils are elongated.

My hands upon obsidian faces.

I traverse the contours,
feel the corners of their mouths.

I bite immortality in a sigh.

The nauyaca snake hisses in the swamps,
the jaguar exhales breath.

The old chiefs petrify them
with their intense gaze.

In silence, I caress
their lips of stone.

Ofreces el pecho al cielo

Danzante de jade
a la luna llena miras
en la oscuridad de la selva.

Contorsionado cuerpo,
flexibilidad del tiempo,
ofreces el pecho al cielo.

Con la obsidiana brillante,
tu corazón palpita en las manos,
mundo enredado de hierba.

Escurre el líquido canto
de la flor de piedra,
la noche se hace fuego,
los murciélagos siembran la tierra.

You Offer Your Chest to the Sky

Jade dancer
looking at the full moon
in the darkness of the jungle.

Contorting body,
flexibility of time,
you offer your chest to the sky.

With shiny obsidian,
your heart beats in your hands,
entangled world of grass.

Liquid song drains
from the stone flower,
night becomes fire,
bats sow the earth.

Arroyo

Para la zona de arqueología subacuática de Arroyo Pesquero, Veracruz, México

De jade tus aguas están llenas,
a tu vientre fueron depositadas
las semillas labradas.

Arroyo de abundante vida
en el fondo de tu cuerpo
las plantas acuáticas

resguardan las máscaras
olmecas, las hachas de jade,
el maíz de piedra verde.

El cocodrilo macho comienza
el baile seductor, las aguas
vibran con sus escamas,
y con su cuello erguido canta.

El jade tiembla en el tiempo,
bajo el agua, escondido,
con la llegada de la hembra.

Arroyo

For the underwater archeological site at Arroyo Pesquero, Veracruz, Mexico

Your waters are full of jade,
carved seeds
deposited in your bowels.

Arroyo of abundant life
at the depths of your body
aquatic plants

protect Olmec masks,
jade axes,
the green stone maize.

The male crocodile begins
his seductive dance, the waters
vibrate with his scales,
and he, his head raised, sings.

Jade trembles in time,
beneath the water, hidden,
with the arrival of the female.

Se llena de luz

Un hilo de aire matutino
recorre la espalda.

Los cenzontles cantan en
los pantanos al despuntar la mañana.

El pueblo olmeca despierta
con las canoras aves.

El fuego se enciende
en los hogares.

El sagrado maíz se mezcla
y se ofrece a la madre tierra.

Su milenario aroma llena
las calles de jade.

Los ritmos de las manos son eco
constante, eterno, ancestral,

palpitaciones que miran
al cielo que se llena de luz.

Centelleante fuerza,
origen del universo olmeca.

They Are Filled with Light

A thread of morning air
runs down the spine.

Mockingbirds sing in
swamps in the early morning light.

The Olmec people wake
with songbirds.

Fire is lit
in hearths.

The sacred maize is mixed
and offered to mother earth.

Its millennial scent fills
the streets with jade.

The rhythms of hands are an echo,
constant, eternal, ancestral,

a heartbeat that looks
to the sky that fills with light.

Sparkling force,
origin of the Olmec universe.

Fuego en los hogares

Con la luz del amanecer
se estremecen las caracolas.

El manglar se llena de música
y las guacamayas se expanden.

El pueblo olmeca comienza
su rutina con el agua clara.

El fuego en los hogares
nace para alimentar.

El zapote mamey
en los petates.

El atole ya humea
en las jícaras de las casas.

Fire in the Hearths

Snails tremble
in the early morning light.

The mangrove swamp is filled with music
and the guacamayas spread out.

The Olmec people begin
their routine with clear water.

The fire in the hearths
is born to nourish.

Mamey sapote tree
in petates.

Atole now steaming
in the gourd bowls of the homes.

Pitaya

Tu belleza es única
fruta tropical olmeca
de rosada piel y
opalescente carne
adornada con minúsculas
semillas de obsidiana.

Dragon Fruit

Your beauty is unique
Olmec tropical fruit
with pink skin and
opalescent pulp
adorned with minuscule
obsidian seeds.

Paraíso de agua

Dioses árboles,
la lluvia,
tic-tic, tic-tic
juega con las hojas
de las ceibas.

Las frondas llevan
hasta el paraíso
de agua, agua, agua.

Dioses ceibas,
penetran la tierra,
cantan,
hombres y mujeres cantan.

Bailan los dioses ceibas,
cantan las ramas,
el viento arrecia
en la jungla olmeca
y la lluvia,
tic-tic, tic-tic.

Paradise of Water

Tree gods,
the rain,
tick-tick, tick-tick
plays with the leaves
of the ceiba trees.

The branches lead
to the paradise
of water, water, water.

Ceiba gods,
they penetrate the earth,
they sing,
men and women sing.

Ceiba gods dance,
the branches sing,
the wind intensifies
in the Olmec jungle
and the rain,
tick-tick, tick-tick.

Dejó de llover

Al cesar la lluvia
los sonidos de la selva
se concentran en el agua
que choca con la roca.

En los monolitos olmecas
las perforaciones
se saturan de lágrimas
celestes, recuerdos
de los titanes.

Las aves se resguardan
en las ceibas dioses.

Los árboles cargados
de garzas blancas
se vuelven níveas frondas.

Tormenta de plata:
torrenciales deseos
pulen lo que tocan.

It Stopped Raining

As the rain stops
the sounds of the jungle
are concentrated in the water
that collides with the rock.

In Olmec monoliths
perforations
are saturated by sky blue
teardrops, memories
of the titans.

Birds shelter
in the ceiba gods.

Trees weighted
with white herons
become snow-white foliage.

Silvery storm:
torrential desires
polish what they touch.

Plumas de quetzal

El quetzal lo inicia
con el vuelo en zig-zag.

Poema para leerse
en voz alta y
sentir la lluvia.

Como el camino
de barro a las pirámides.

Poema de iridiscentes plumas.

Vuelan las sílabas olmecas
con el brillo de los quetzales
y su florido canto
hasta alcanzar el sol.

Los pantanos vibran al sentir
las canciones verdiazules.

Misteriosa ave, tu plumaje
está lleno de espuma,
de efímera poesía y
sacra voz.

¡Vuela, quetzal!

¡Vuela!

Quetzal Feathers

The quetzal initiates it
with zig-zag flight.

Poem to be read
out loud and
to feel the rain.

Like the mud path
to the pyramids.

Poem of iridescent feathers.

Olmec syllables soar
with the luminosity of the quetzals
and their florid song
until they reach the sun.

Swamps vibrate upon feeling
the blue green songs.

Mysterious bird, your plumage
is full of seafoam,
of ephemeral poetry and
sacred voice.

Fly on, quetzal!

Fly on!

En los poros de la tierra

En los poros de la tierra
sus cuerpos se entierran:
mono aullador y mono araña.

De basalto es su eternidad,
de agua su mirada,
de selva su pasión.

Quedan grabados en la humedad.

Mono aullador, tu voz
atraviesa las ceibas sagradas,
los troncos son tus indomables piernas.

Mono araña, te escondes en las frondas,
observas con cautela los pasos
en la hojarasca olmeca.

La luz esmeralda atrae
las curiosas miradas,
uno canta, el otro recuerda
en la jungla obsidiana.

Al unísono suenan sus voces
reclamando su lugar.

In the Pores of the Earth

In the pores of the earth
their bodies are buried:
howler monkey and spider monkey.

Their eternity is of basalt,
their gaze of water,
their passion of jungle.

They are seared in the dampness.

Howler monkey, your voice
pierces the sacred ceibas,
the trunks are your indomitable legs.

Spider monkey, you hide in the foliage,
cautiously observing the steps
in the fallen Olmec leaves.

Emerald light attracts
curious gazes,
one sings, the other wakes
in the obsidian jungle.

At the same time, their voices ring out
reclaiming their place.

Lleva un dolor agudo en los hombros

Desde el trinar de las aves y
la mandíbula de las hormigas
de fuego, la jungla olmeca se abre.

Deambula lo que quiere:
ser olvidado en los laberintos
de la mente, arrastra llanto,
quimera de hojarasca y semillas.

El mono araña lleva un dolor
agudo en los hombros.

El dolor se detiene para
que los tucanes despierten
del ensueño.

Emprendan el vuelo e invoquen
otros sonidos de la selva:
el paso de cigarras y de las hojas
que se desprenden de la ceiba.

Un nuevo laberinto nace,
repleto de miedos y alacranes,
donde los pasos del jaguar,
en las páginas, se enredan.

It Suffers a Sharp Pain in the Shoulders

From the tweeting of the birds and
the jaws of fire ants,
the Olmec jungle opens itself.

It wanders what it desires:
to be forgotten in the labyrinths
of the mind, it hauls tears,
chimera of fallen leaves and seeds.

The spider monkey suffers a sharp
pain in the shoulders.

The pain stops as
toucans come awake
from that illusion.

They take wing and invoke
other sounds of the jungle:
the whirring of cicadas and of the leaves
that descend from the ceiba.

A new labyrinth is born,
full of fears and scorpions,
where the steps of the jaguar,
on the pages are entwined.

Noche caracol

El mono en la piedra,
la piedra en el mono
están observando el cielo.

Juguetonas miradas imploran
un tiempo sin ataduras,
libertad en el aire.

Las frondas se agitan
con risueña esperanza,
estiran los brazos para

alcanzar las estrellas olmecas
en la concavidad
de la noche caracol.

Spiraling Night

The monkey on the rock,
the rock on the monkey
they're observing the sky.

Playful gazes implore
a time untethered,
freedom in the air.

Branches sway
with beaming hope,
they stretch their arms to

reach the Olmec stars
in the basin
of the spiraling night.

Que anhela

El viento corta entre las plumas
y rebosa el corazón de jade.
Sus alas, abanico de finas
espigas de madera exótica.

Al fondo de la selva,
otras aves trinan en
el escenario natural.

No son sonidos aislados,
son coros espontáneos
que se entierran en el pecho.

El calor húmedo asalta
las fosas nasales
y una que otra flor atrevida
derrama su exuberante aroma.

Mientras el tucán
vuela, vuela, vuela
con plumas de obsidiana
heridas por el aire.

Selva olmeca, de ti nace
el tucán que embriaga
el oído, seduce la memoria
que anhela, desea, sueña.

It Yearns

The wind cuts between the feathers
and overflows the jade heart.
Its wings, fan of fine
sprigs of exotic wood.

In the depths of the jungle,
other birds chirp in
the nature scene.

These aren't isolated sounds,
They're spontaneous choruses
that are buried in the chest.

The damp warmth assaults
nasal passages
and several daring flowers
spill their exuberant aroma.

While the toucan
flies, flies, flies
with obsidian feathers
wounded by the air.

Olmec jungle, born of you,
the toucan that intoxicates
the ear, seduces the memory
that yearns, desires, dreams.

Culebra

Al penetrarte, jungla
olmeca, esta madrugada,

reconozco caminos de niñez.

En largos senderos
me deslizo con inocencia.

Siento el vapor de
la asfixiante mañana.

El trinar de las aves
acompaña mi tierna lengua.

Con cautela busco
un brillante rincón

para dormir con el calor
de la luz picante.

Serpent

Upon penetrating you, Olmec
jungle, this morning,

I recognize paths from my childhood.

I move innocently
along lengthy trails,

feel the haze of
the asphyxiating morning.

The chirping of birds
accompanies my inexpert language.

I carefully seek
a bright refuge

to sleep with the heat
of the blistering light.

Con el aire de la noche

En cada hoja una nota
diferente.

Los troncos tiemblan
con resonancias singulares.

Uno a uno se mueve de
única forma con el viento.

Tonos y ritmos estridentes
en las frondas de la selva.

Y a la hora de los grillos
del crepúsculo,

las oropéndolas vuelan
para percharse en la noche.

Ya las flores dejan sentir
sus intoxicantes aromas.

De las cuevas más oscuras
los murciélagos emergen.

Cambia de color
el follaje de los árboles.

Tornándose más oscuro
con el aire de la noche.

Cada hoja revela su voz.

With the Air of the Night

Distinctive note
for every leaf.

Tree trunks tremble
with singular resonances.

One by one they move
uniquely with the wind.

Strident tones and rhythms
in the jungle greenery.

While at the time of the crickets
of dusk,

the golden orioles fly off
to perch in the night.

Flowers now release
their intoxicating scents.

Bats emerge
from the darkest caves.

The foliage of the trees
changes color.

Becoming darker
with the air of the night.

Every leaf reveals its voice.

Libélula

Asertivas vuelan en el cielo
de la selva las guías
al paraíso lacustre.

Sus alas: música
de equilibrado ritmo,
frágil seda.

Un enjambre de
libélulas torna
la tarde de obsidiana.

Un manto de sonido olmeca,
conduce a los descarnados
a la cueva de azogada agua.

Dragonflies

Assertive, the guides
to the lacustrine paradise
soar in the jungle sky.

Their wings: music
of balanced rhythm,
fragile silk.

A cloud of
dragonflies turns
the afternoon obsidian.

Cloak of Olmec sound
leads those who are fleshless
to the cave of quicksilver water.

Oníricos diseños

Venus guarda los restos
del jaguar de humo.

El que se desliza entre
mundos con el viento.

Suave melodía de niebla
como poema circular.

Poema de pitayas que trepan
las sagradas ceibas.

Los ancestrales sueños alcanzan
las constelaciones olmecas.

Dioses felinos transmutan
los deseos en oníricos

diseños que la tarántula
forma en su laberinto.

Escondite de traslúcida
agonía, seda de la selva.

La tarántula y Venus se unen
para formar la sangre del jaguar.

Oneiric Designs

Venus protects the remains
of the smoke jaguar

who slips between
worlds with the wind.

Soft melody of fog
like a circular poem.

Poem of dragon fruits that climb
the sacred ceiba trees.

Ancestral dreams reach
Olmec constellations.

Feline gods transform
desires in oneiric

designs that the tarantula
creates in her labyrinth.

Refuge of translucent
agony, jungle silk.

The tarantula and Venus unite
to create the blood of the jaguar.

En la soledad de la selva

Aprendí a ser feliz
en la soledad de la selva.

Lo había olvidado.

Hoy vuelvo a ti,
me reciben las bromelias
en los troncos putrefactos.

Ya las policromáticas aves
vuelan a mi encuentro.

Me cubre su plumaje,
me hago una con ellas.

Revolotean a mi alrededor.

La lluvia empieza su húmedo ritmo.

Mi garganta entona
los cantos olmecas.

Tonos naturales, agudos,
graves, contrapuntos celestiales.

Del pantano emerge la tortuga blanca.

Sagrada criatura acuática,
ofrece su caparazón para
sintonizarse con el corazón
que ha comenzado el vuelo.

In the Solitude of the Jungle

I learned to be happy
in the solitude of the jungle.

I had forgotten how.

Today I return to you,
received by the bromeliads
in decaying tree trunks.

Polychromatic birds
fly to meet me.

Their plumage covers me,
we become one.

They flutter about me.

The rain begins its humid rhythm.

My throat intones
Olmec chants.

Natural tones, high-pitched,
low, celestial counterpoints.

From the swamp, the white tortoise emerges.

Sacred aquatic creature,
offers its carapace to
synchronize with the heart
that has taken flight.

Voluntad

El viento cálido en
las entrañas de la selva
se confunde con el más
bello de los cantos:

el llamado del tucán y
la acuática voz de la oropéndola.

Cálido sol, das esperanza
y los árboles susurran
secretos verdes.

Pasión sonora,
arrastras mi voluntad
me entrego a ti,
vibro en tus brazos.

Ya la abeja y
el fosforescente gusano
sienten la brisa del mar.

El humo del pantano
en ondulado movimiento
recorre la jungla.

Penetra el jade líquido,
el pecho se abre.

Baila el corazón
con las frondas,
que se impacientan
con el aire.

Siento tu mano, viento,
recorrer el rostro.

Entras en el alma rota,
suenan las ramas secas.

Voz de agua, no olvides
que tuya fue mi voluntad.

Volition

The warm wind in
the depths of the jungle
blends with the most
beautiful of all songs:

the call of the toucan and
the aquatic voice of the golden oriole.

Warm sun, you give hope
while the trees whisper
green secrets.

Effervescent passion,
you shift my volition
I surrender to you,
I vibrate in your arms.

The bee and
the phosphorescent worm
feel the breeze of the sea now.

The smoke from the swamp
traverses the jungle
in undulating waves.

It penetrates liquid jade,
its chest opens.

The heart dances
with the foliage,
which becomes impatient
with the air.

I feel your hand, wind,
stroke my face.

You enter the broken soul,
the dry branches resonate.

Voice of water, do not forget
that your volition was mine.

Sangre de lagarto y pez

Filosas hojas, tus escamas,
pez de piedra acuática.

Ojo de quimera en los pantanos
de hojarasca olmeca.

Inmóvil sangre de lagarto y pez
en la superficie de azogue.

Entre la historia del agua
y la corriente te deslizas.

Dominas el mar y penetras el río,
pez viejo de boca larga.

Dejas a tu paso escamas
de diamante.

Coraza para la eternidad.

Tu cuerpo como letal arma
asalta en los manglares.

Sobrevives la historia,
pejelagarto de duras escamas.

Blood of Lizard and Fish

Filed blades, your scales,
fish of aquatic stone.

Eye of chimera in the swamps
of fallen Olmec leaves.

Motionless blood of lizard and fish
on the quicksilver surface.

Between the history of water
and the current you slip.

You dominate the sea and penetrate the river,
old fish with the large mouth.

You leave diamond scales
in your wake.

Armor for all eternity.

Your body like a lethal weapon
assaults in the mangroves.

You survive history,
alligator garfish of the hard scales.

Escamas de luna

Pez viejo de boca larga
y escamas de luna
ofreces tu cuerpo.

Carne blanca de
suave textura.

Fósil viviente
que alimenta
la carne y
la imaginación.

Milenario pejelagarto,
en ríos y manglares
olmecas, te deslizas
con la intuición.

Lunar Scales

Old fish of large mouth
and lunar scales
you offer your body.

White flesh,
smooth texture.

Living fossil
that feeds
the flesh and
imagination.

Millennial garfish,
in Olmec rivers and
mangroves, you slither
with intuition.

Murciélago

Hijo de la sangre blanca
de la serpiente emplumada.

Desde la oscuridad
del inframundo
inicias tu nocturno vuelo.

El vientre de la tierra
engendra tu sueño.

El ojo del jaguar
con cautela observa
las seductoras danzas
aéreas en la selva olmeca.

Ambarina mirada
persigue tu ruta.

Murciélago,
tu chillido penetra
la selva y agita
incautos insectos.

Las frutas tropicales
intoxican tu olfato

La orquídea negra
espera tu cuerno
para que se cargue
de esencia floral.

Bat

Son of the white blood
of the feathered serpent.

From the darkness
of the underworld
you initiate your nocturnal flight.

The belly of the earth
engenders your dream.

The eye of the jaguar
stealthily observes
seductive aerial
dances in the Olmec jungle.

Amber-colored gaze
traces your path.

Bat,
your shriek penetrates
the jungle and stirs up
unsuspecting insects.

Tropical fruits
intoxicate your sense of smell

The black orchid
awaits your horn
that loads up
with floral essence.

Luz carmesí

Luna sangrante, esta noche
empapas la tierra.

Tu circunferencia, luna grande,
traga los miedos nocturnos.

La selva se pinta de rojo,
lames el jade exuberante.

La flora y la fauna
están bañadas de sangre.

Milenaria luz carmesí
infectas el agua olmeca.

Crimson Light

Bloody moon, tonight
you soak the earth.

Your circumference, large moon,
swallows nocturnal fears.

The jungle paints itself red,
you lick the jade feverishly.

Flora and fauna
are bathed in blood.

Millennial crimson light
you're infecting Olmec water.

Serpientes de agua

Ahí, donde confluyen
las serpientes de agua.

Donde el cangrejo azul
le canta a la luna llena
y la iguana, montada
en las frondas de las ceibas
a la orilla del río, se mueve
en zig-zag para escuchar
las plegarias olmecas.

Donde la tortuga jicotea
desova tristeza.

Ahí, donde la noche carmín
llena el cielo húmedo
y los corazones
se desangran al sentir
los vapores de la
jungla esmeralda.

Densos borbotones
de jade líquido
nacen de los pantanos.

Ya los nostálgicos cantos
de los monos aulladores
se extinguen con
el calor de la noche.

Ya la selva cambia
de ritmos y colores
con los escarabajos

nocturnos perseguidos
por los hijos de la
serpiente emplumada.

Serpents of Water

There, where water serpents
converge.

Where the blue crayfish
sings to the full moon
and the iguana, riding
the branches of the ceiba trees
at the bank of the river,
zig-zags closer to hear
Olmec prayers.

Where the slider turtle
spawns sorrow.

There, where carmine night
fills the humid sky
and hearts
bleed dry upon feeling
the emerald jungle
mist.

Bubbling dense streams
of liquid jade
are born from the swamps.

Nostalgic chants
of howler monkeys
are now extinguished with
the heat of the night.

The jungle changes
rhythms and colors
with nocturnal

beetles now pursued
by the sons of the
feathered serpent.

Despertar

Sobre las ciénagas de jade
se desliza el vapor de la selva.

Opalescente humedad.

Un grillar matutino recorre
el contorno de las frondas.

Las ranas croan en este despertar
olmeca, densa soledad.

Espesa corriente de historia.

El dios cocodrilo penetra
el agua, se desliza en las
venas de la tierra.

Jaguar con cautela observa
para seguir su acuático andar.

Un dulce canto matutino
rompe la nacarada niebla.

Cada trino, en armonía, con
las ranas que dejan su voz
en la onírica atmósfera.

Despertar olmeca: te respiro.

Historia labrada en piedra.

Historia enterrada en pantanos.

Enterrada en este corazón
que en silencio recuerda.

Awakening

Jungle mist slips
over jade marshes.

Opalescent dampness.

Morning cricket-chirps traverse
the green expanse.

Frogs croak in this Olmec
awakening, dense solitude.

Thick current of history.

The crocodile god penetrates
the water, slips into the
veins of the earth.

Jaguar observes cautiously,
continues its aquatic pacing.

A sweet morning song
breaks the pearly mist.

Every chirp, in harmony, with
frogs that leave their voices
upon the oneiric atmosphere.

Olmec awakening: I absorb you.

History carved in stone.

History buried in swamps.

Buried in this heart
that remembers in silence.

Acknowledgements

Thank you to the editors of literary journals, anthologies and websites, in and on which versions of some of the poems of this volume have previously appeared:

"El viejo guerrero / The Old Warrior", "Mosaico de jadeíta / Mosaic of Jadeite", "Vaso olmeca / Olmec Glass", and "Mujer colosal / Colossal Woman" on La Bloga

"Labios de piedra", "Olmecas", "El viejo guerrero" on Revista Literaria Monolito

Xánath Caraza es viajera, educadora, poeta, narradora y traductora. Escribe para *La Bloga* y la *Revista Literaria Monolito*. En 2020 *Balamkú* recibió segundo lugar para el Juan Felipe Herrera Best Poetry Book Award. En 2019 recibió Segundo lugar por su poemario *Hudson* como "Mejor libro de poesía en español" y Segundo lugar por su colección de relatos, *Metztli*, como "Mejor colección de cuento" para los International Latino Book Awards. En 2018 fue doblemente galardonada por los International Latino Book Awards, recibió primer lugar por *Lágrima roja* y *Sin preámbulos/Without Preamble* como "Mejor libro de poesía en español" y "Mejor libro de poesía bilingüe". *Sílabas de viento* recibió el 2015 International Book Award for Poetry. Fue *Writer-in-Residence* de Westchester Community College, Nueva York, 2016-2019. En 2014 recibió la Beca Nebrija para Creadores del Instituto Franklin, Universidad de Alcalá de Henares en España. En 2013 fue nombrada número uno de los diez mejores autores latinos para leer por LatinoStories.com. Sus poemarios *Donde la luz es violeta, Tinta negra / Black Ink, Ocelocíhuatl, Conjuro* y su colección de relato *Lo que trae la marea* han recibido reconocimientos nacionales e internacionales. Sus otros poemarios son *Perchada estás, Ejercicio en la oscuridad, Corta la piel, Balamkú, Fără preambul, Μαύρη μελάνη, Le sillabe del vento, Noche de colibríes* y *Corazón pintado*. Ha sido traducida al inglés, italiano, rumano y griego; ha sido parcialmente traducida al náhuatl, portugués, hindi y turco.

Xánath Caraza is a traveler, educator, poet, short story writer, and translator. She writes for *La Bloga, and Revista Literaria Monolito*. In 2020 *Balamkú* received second place for the Juan Felipe Herrera Best Book of Poetry Award. In 2019 for the International Latino Book Awards she received Second Place for *Hudson* for "Best Book of Poetry in Spanish" and Second Place for *Metztli* for Best Short Story Collection. In 2018 for the International Latino Book Awards she received First Place for *Lágrima* roja for "Best Book of Poetry in Spanish by One Author" and First Place for *Sin preámbulos / Without Preamble* for "Best Book of Bilingual Poetry". Her book of poetry *Syllables of Wind / Sílabas de viento* received the 2015 International Book Award for Poetry. She was Writer-in-Residence at Westchester Community College, NY, 2016-2019. Caraza was the recipient of the 2014 Beca Nebrija para Creadores, Universidad de Alcalá de Henares in Spain. She was named number one of the 2013 Top Ten Latino Authors by LatinoStories.com. Her books of verse *Where the Light is Violet, Black Ink, Ocelocíhuatl, Conjuro* and her book of short fiction *What the Tide Brings* have won national and international recognition. Her other books of poetry are *Perchada estás/Perching, Ejercicio en la oscuridad / An Exercise in the Darkness, Corta la piel / It Pierces the Skin, Balamkú, Fără preambul, Μαύρη μελάνη, Le sillabe del vento, Noche de colibríes*, and *Corazón pintado*. Caraza has been translated into English, Italian, Romanian, and Greek; and partially translated into Nahuatl, Portuguese, Hindi, and Turkish.

www.ingramcontent.com/pod-product-compliance
Lightning Source LLC
Chambersburg PA
CBHW032048090426
42744CB00004B/121